Las flores de doña Flora

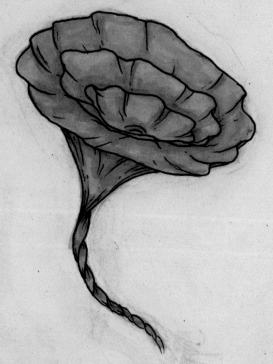

Escrito por Elena Castro, Barbara Flores y Eddie Hernández
Ilustrado por Sergio Ramirez

Celebration Press
An Imprint of Addison-Wesley Educational Publishers, Inc.

Doña Flora hace flores de papel
para toda la gente de mi vecindad.

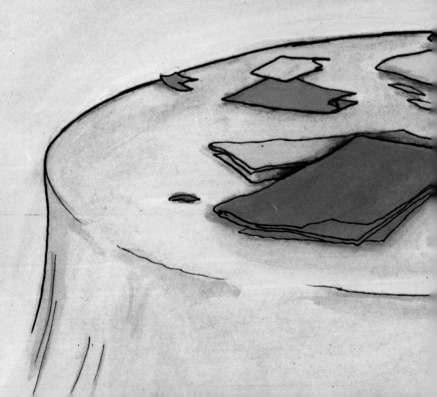

3

Doña Flora pone flores para las fiestas
en las cercas de mi vecindad.

Doña Flora pone flores
en los sombreros de las niñas
de mi vecindad.

Doña Flora pone flores en el pelo
de las muchachas de mi vecindad.

Doña Flora pone flores en los vestidos
de las señoras de mi vecindad.

Doña Flora pone flores en los sacos
de los señores de mi vecindad.

Doña Flora pone flores en los floreros
y las canastas de mi vecindad.

Un día, doña Flora nos enseñó cómo hacer las flores.

Primero, cortamos papeles grandes
y pequeños.
—Muy bien —dijo doña Flora.

Después, juntamos los papeles
de cada color.
—Muy bien —dijo doña Flora.

Por último, pasamos un alambre
por el centro de los papeles.
—Muy bien —dijo doña Flora.

Ahora ya tenemos flores bonitas
para regalar a doña Flora.
—¡Gracias! —dijo.